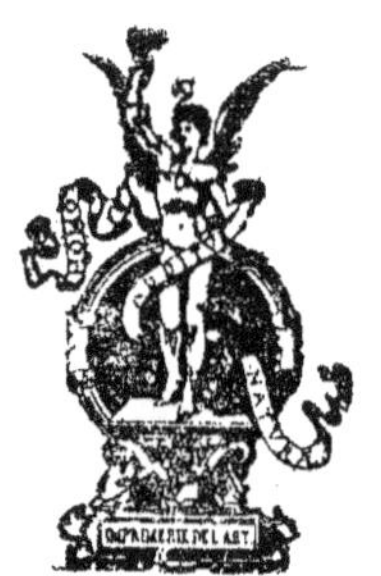

V

VENTE
Du Lundi 15 Décembre 1913
HOTEL DROUOT, SALLE N° 2
A DEUX HEURES

EXPOSITION PUBLIQUE
Le Dimanche 14 Décembre 1913
De 2 heures à 6 heures

VENTE APRÈS DÉCÈS

De Madame B...

Mᵉ Robert BIGNON
COMMISSAIRE-PRISEUR
41, rue de la Victoire

CATALOGUE

DES

Objets d'Art et de Vitrine

CARTEL EN MARQUETERIE D'ÉCAILLE ET CUIVRE GARNI DE BRONZES

ARGENTERIE — MÉTAL ARGENTÉ

TABLEAUX

Portrait d'Homme, par ROYBET

TAPIS, RIDEAUX, CANTONNIÈRES EN TAPISSERIE MODERNE D'AUBUSSON

MEUBLES

DONT LA VENTE

APRÈS DÉCÈS DE MADAME B.

AURA LIEU

HOTEL DROUOT, SALLE N° 2

LE LUNDI 15 DÉCEMBRE 1913

à deux heures

COMMISSAIRE-PRISEUR

Mᵉ **ROBERT BIGNON**, 41, rue de la Victoire

EXPOSITION PUBLIQUE

Le Dimanche 14 Décembre 1913, de 2 heures à 6 heures

CONDITIONS DE LA VENTE

Elle sera faite au comptant.

Les adjudicataires paieront *dix pour cent* en sus des enchères.

Paris. — Imp. de l'Art, Ch. Berger, 41, rue de la Victoire.

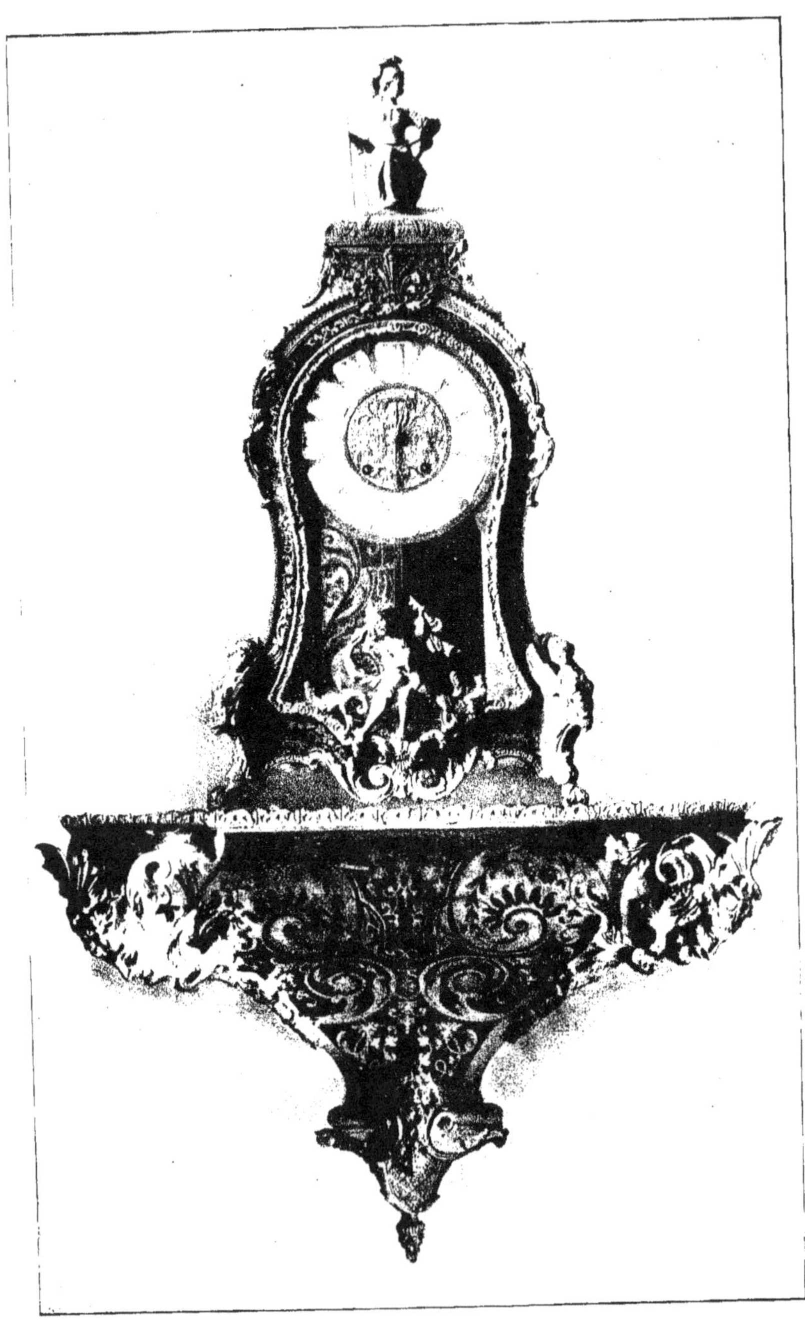

CARTEL

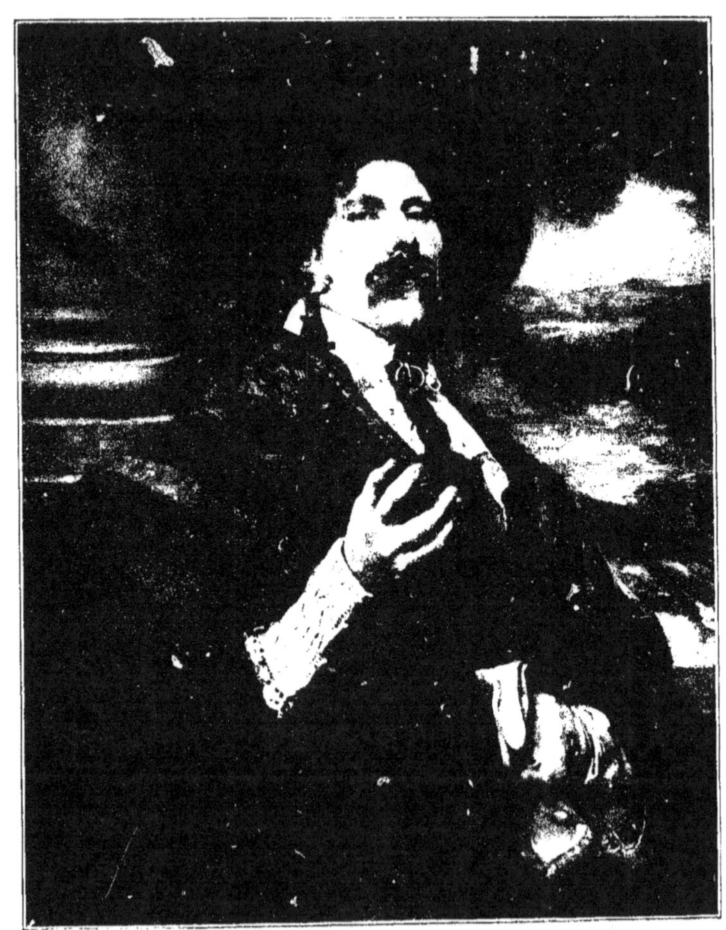

ROYBET. *Portrait d'Homme*

DÉSIGNATION

IMPORTANT CARTEL en marqueterie d'écaille et de cuivre, garni de bronzes, surmonté d'une statuette de guerrier.

>Haut., 1 m. 45 cent.

Garnitures de cheminée en bronze, de chez *Barbedienne*.

Groupe en bronze : Maternité, par DUBOIS, de chez *Barbedienne*.

Groupe en bronze : l'Huître et les Plaideurs, par DUMAIGE.

Flambeaux, Appliques, Thermomètre, Brûle-parfums, Cache-pots, Chenets, Candélabres, etc.

Vases, par CLÉMENT-MASSIÉ, DAUM, GALLÉ, etc.

Médailles, Miniatures, Coupes, Jardinières, Tasses et Soucoupes.

TABLEAUX

GŒSSIN. La Chanson de Roland.

>Haut., 1 m. 32 cent.; larg., 1 m. 80 cent.

ÉCOLE ITALIENNE. La Vierge et l'Enfant.

MEYNIER. Jeune Italienne.

ROYBET

Portrait d'Homme.

>Vu de trois-quarts, drapé dans un manteau rouge, il porte une arquebuse sur l'épaule droite.
>
>Panneau. Signé en haut et à gauche.
>
>Haut., 1 mètre ; larg., 80 cent.

ARGENTERIE, MÉTAL ARGENTÉ

Légumiers, Bonbonnières, Jardinières, Corbeilles.
   Salières et doubles Salières, Chocolatières, etc.,
   en argent.
Paire de Candélabres en métal de *Christofle*.
Réchaud, Jardinières, Services de table, etc.

MEUBLES

Bibliothèque et pupitre en acajou.
Meuble d'entre-deux en marqueterie.
Console en bois doré.
Deux vitrines à hauteur d'appui en bois noir.
Meuble-vitrine en bois sculpté.
Escabeaux sculptés.
Horloge avec gaine.
Écran en bois doré, feuille en tapisserie moderne
   d'Aubusson.
Chaises, Fauteuils, etc.

COFFRES-FORT DE FICHET

RIDEAUX, TENTURES

Rideaux en tapisserie d'Aubusson.
Cantonnières en tapisserie d'Aubusson.
Deux panneaux et quatre dessus de portes en tapis-
   serie d'Aubusson, de la *Maison Braquenié*.
Tapis d'Aubusson moderne.
Rideaux en soie brodée.
Objets divers, etc.